Werner Günther
Quellen für mein Leben

Quellen für mein Leben

Psalmgebete

63 Psalmen der Bibel
zum Beten für heute
ausgewählt und bearbeitet von
Werner Günther

Kaufmann Verlag

*Für Linde
und für unsere
Kinder und Enkel*

INHALT

Einleitung: Psalmen für mein Leben 7
Übersicht: Psalmen aktuell 9
Warum Psalmen in neuer Form ? 12
Konkret: Mit Psalmen beten 15
Sechzig Psalmen 17
Drei Texte aus dem Neuen Testament 86
Stoßgebete aus den Psalmen 90
Psalmen im Tageslauf. 92
Psalmen im Kirchenjahr 94

EINLEITUNG:
PSALMEN FÜR MEIN LEBEN

Beten muss ich nicht können. Ich darf mich einfach hineinnehmen lassen in das Beten, das längst da ist und auf mich wartet. Wage ich es, bin ich nicht mehr allein. Seit bald dreitausend Jahren breitet sich dieses Beten aus. Und wann immer ich nun in eines dieser Gebete eintrete, am Tag oder mitten in der Nacht, habe ich von irgendwoher Menschen an meiner Seite, die mit mir so beten und ich mit ihnen. Aus der Ferne der Jahrhunderte und der Weite des Erdkreises sprechen und singen Menschen so, dass ich ihren Atem wie neben mir spüre. Und da ist die Rede von ihrem und von meinem Erleben (und Erleiden).

Ich wünsche auch mir mit dem 1. Psalm das Glück, dass mein Leben gelingt wie bei dem Baum, der Früchte trägt. Mit dem 8. möchte ich das Staunen lernen. Der 12. kann mir wohl, richtig verstanden, meinen Pessimismus nehmen. Nach der Erfahrung des 18. sehne ich mich in Krankheit und Todesangst. Der 23. soll mich bis zum Lebensende leiten und der 39. den Blick auf dieses Ziel wach halten. Der 51. kann mir helfen beim „Hausputz" in meinem Leben. 121 gibt mir Mut angesichts eines unüberwindlich erscheinenden Berges. 127 will mich vor dem Nachruf bewahren „Nur Arbeit war dein Leben", und Psalm 139 macht mich ganz klein und ganz groß. Mehr dazu S. 9–11.

Ja, diese zehn Beispiele möchten neugierig machen auf mehr. Die vorliegende Auswahl von 60 typischen aus den 150 Psalmen der Bibel und 3 besonderen

„Psalmen" aus dem Neuen Testament ist eine Einladung, meinen Weg neu zu begreifen. Es wird weiterhin wohl der Lebensweg sein, auf dem ich auch jetzt bin. Aber: Ich werde ihn anders gehen – mit diesen Betern neben mir! Und dabei sind sie nicht nur Vorbeter und Mitbetende. Sie lassen sich ebenso entdecken als Seelsorgebegleiter und Lebensberater.

ÜBERSICHT: PSALMEN AKTUELL

Wer in den 150 Psalmen der Bibel blättert, gewinnt den Eindruck bunter Vielfalt. Manches klingt zeitlos, anderes überraschend aktuell. Einige Psalmen aber haben ihren „Sitz im Leben" in Kriegs- und Krisenzeiten des alten Israel. Sie beklagen Feindschaft und Unrecht und bitten Gott um Recht und Rache. Diese sehr zeitbedingten Passagen sind weitgehend weggelassen worden.

Die ausgewählten Psalmtexte stehen hier in ihrer biblischen Reihenfolge. Vorab wird dazu diese Themenübersicht angeboten. Inhalte wiederholen und überschneiden sich bei dem Versuch, sie zu ordnen; darum erscheinen einige Psalmen in dieser Übersicht mehrmals.

Mein Lebenskreis

Das große geheimnisvolle DU über meinem Leben begegnet mir vor allem in Psalm 139. Vertrauen lehrt mich 23, ebenso 27. Um das Auf und Ab im Leben geht es in 37, um das Ziel in 39 und 90. „Geburtstagspsalm" wird 103 genannt; das passt auch auf 16 und 92. Von grundsätzlicher Lebens-Orientierung handeln 119, 127, 131, 146 und – allen voran – Psalm 1.

Nachhaltige Freude

Die erste große Freude, verbunden mit Staunen, gilt immer wieder dem Schöpfer und seinen Werken im Weltall und am einzelnen Menschen: 8, 19, 33, 36, 67, 92, 95, 96, 104, 107, 111, 113, 145, 146, 147, und mündet ein in 150.

Dank + Anbetung

Dankbarkeit als innere Haltung will Gestalt annehmen und geäußert werden. Es ist gut, wenn ich weiß, wohin mit Freude und Dank! Das bekannteste deutsche Kirchenlied ist „Lobe den Herren, den mächtigen König der Ehren" (Ev. Gesangbuch 316). Es fasst vieles von dem zusammen, was in den folgenden Psalmen anklingt: 33, 34, 92, 95, 96, 98, 100, 103, 104, 111, 113, 118, 145, 146, 147, 150.

Angst + Klage + Vertrauen

„Gott will nicht nur Jubel" (siehe Psalm 10). Frage- und Klagepsalmen aus der Erfahrung heraus, dass Glauben und Vertrauen manchmal „durch die Hölle" müssen, können aber auch Mut machen. So in 4, 5, 10, 12, 17, 18, 22, 27, 28, 31, 37, 42, 46, 57, 73, 107, 124, 126, 131.

Gut unterwegs

„Wenn wir wirklich auf das Reich Gottes hoffen, dann können wir auch der Kirche in ihrer Kümmerlichkeit standhalten. Dann werden wir uns nicht schämen, in dieser konkreten Gemeinde die eine heilige allgemeine Kirche zu finden, und dann wird auch ein jeder sich seiner besonderen Konfession nicht schämen." (Karl Barth) Zu solcher Gelassenheit können die Pilger- und Tempelpsalmen beitragen: 1, 23, 24, 36, 42, 46, 50, 63, 67, 84, 91, 95, 100, 107, 111, 121, 122, 124, 126, 127.

Schuld + Umkehr

Viele Psalmen werden dem König David zugeschrieben. Einer ist sein Bußgebet nach aufgedecktem Ehebruch und Anstiftung zum Mord: 51. So ehrlich ist die Bibel. Diese Psalmen helfen mir, mein Leben vor Gott zu „orten" und „aufzuräumen": 1, 19, 50, 51, 85, 103, 119 130.

Seelsorge

Erstaunlich viele Psalmen bieten sich an für die Seelsorge mit Menschen in ganz unterschiedlichen Situationen, aber auch für die „Seelsorge an der eigenen Seele": 1, 4, 16, 17, 22, 23, 27, 28, 31, 33, 34, 37, 39, 42, 46, 51, 57, 63, 84, 91, 103, 119, 121, 130, 131, 139.

WARUM PSALMEN IN NEUER FORM ?

Als der Mönchsvater Benedikt von Nursia um 529 seine Ordensregel für die Klöster schrieb, wurde er damit ein Vater Europas. Denn unsere Kultur ist ohne die Klöster mit ihren Schulen, Bibliotheken, Krankenhäusern, Gärten, Weinbergen und ihrer Baukunst nicht denkbar. Und das Leben der Klöster ist undenkbar ohne die tragende Kraft der Psalmen! Siebenmal prägten sie jeden Tageslauf. Tausend Jahre war der lateinische Psalmengesang der Mönche die verbindende Musik des ganzen Abendlandes.

Dann machte die Reformation diesen Gebets-Schatz der Bibel auch in der Muttersprache – und damit für alle – zugänglich. Seitdem werden in den Kirchengemeinden und in besonderen Gemeinschaften ausgewählte Psalmen und Teile von ihnen praktiziert und in Gesang- und Andachtsbüchern entsprechend angeboten.

Luthers Bibelübersetzung war glanzvoller Ausgangspunkt der sich dann weiter entwickelnden deutschen Sprache. Doch die kirchlichen Revisionen von Luthers Bibel blieben hinter der Entwicklung zurück. Nach nun bald fünfhundert Jahren tut sich eine deutliche Kluft auf. Aus dem Glanz ist schöne Patina geworden. Wenn die Lutherbibel „Mutter" der deutschen Sprache ist, – hat sie dann wohl bis heute ihren „Kindern" nicht aufmerksam genug zugehört?

Hier ist nun der Versuch gemacht worden, beides miteinander zu verbinden: den kraftvollen Rhythmus der Lutherübersetzung mit neuen Wortlauten, die zunächst oft gewöhnungsbedürftig klingen.

Dabei wurden wohl alle verfügbaren deutschsprachigen Bibelübersetzungen und Psalmenausgaben zu Rate gezogen, ohne ganze Passagen zu zitieren. Gerade an manchen vertrauten Stellen fielen ungewohnte Formulierungen auf, ließen aufhorchen und neu hinhören.

Es geht darum, den Bibeltext so verständlich zu vermitteln, wie er nah am Leben seiner ersten Hörer war. Ein Beispiel gibt Marias Magnifikat Lukas 1,48. Was Maria formulierte („die Niedrigkeit seiner Magd"), ist heute eine ferne Welt; den Beruf der Magd gibt es nicht mehr. Eine neue Wortwahl kann klarer ausdrücken, was mit „Magd" gemeint war (vgl. Nr. 151: „Klein und unbedeutend, wie ich bin"). – Hier weitere Beispiele zur Klarheit der Sprache:

„Fürchten" heißt im Allgemeinen: Angst haben. – Angst vor Gott? Gemeint ist doch wohl Ehrfurcht. Hier werden dafür deutende Umschreibungen versucht wie: „Ihn mit ganzem Ernst suchen", „vertrauen und ehren"; „mit Gott Ernst machen", „ihm folgen".

„Herr Zebaoth" heißt: „Herr der Heerscharen". – Heere? Wir übertragen das fremde Wort „Zebaoth" weniger kriegerisch klingend: „Herr der himmlischen Mächte", „Herr des Himmels", „Der Herr mit seinen guten Mächten".

„Gnade" heißt in der Einheitsübersetzung: „Gottes Huld". – Huld? Klingt das heute nicht gönnerhaft herablassend? Ein namhafter Psalter überträgt das oft weitherzig so: „Gottes Liebe". Dem wird hier in der Regel gefolgt.

Die Aussage soll „stimmen" für Menschen, die heute zum Beten eingeladen werden! Das ist hier der im

Zweifelsfall vorrangige Maßstab für die sprachliche Form.

„Dies ist eine Übertragung, keine Übersetzung". Vielleicht als Kritik gemeint, ist das jedoch ein Lob! Wörtliche Übersetzung kann nach 2000-3000 Jahren ihr Ziel verfehlen, weil schon in viel kürzerer Zeit Begriffe sich wandeln. Das immer Gültige und Tragende soll mir aber da, wo ich jetzt lebe, so nah wie möglich kommen. So können diese Psalmen mit neuen Wortlauten mir Zugänge öffnen zu den ewigen Quellen, aus denen betende Menschen Leben schöpfen.

KONKRET: MIT PSALMEN BETEN

„Im Kämmerlein" allein zu beten (Jesus in Matthäus 6,6) ist die eine Möglichkeit. Ich ziehe mich an einen Ort zurück, an dem niemand mich hört oder stört. Ich versuche zur Ruhe zu kommen. Ich achte auf mein Ein- und Ausatmen. Ich schlage den Psalm auf. Ich lasse mich anfangs vielleicht kurz durch Überschrift und Einleitung einstimmen. Dann spreche ich die Verse langsam Zeile für Zeile und möglichst auf eine für mich selbst hörbare Weise.

„Täglich einmütig beieinander" (Apostelgeschichte 2,46) waren die ersten Christen in Jerusalem. Das ist die andere Möglichkeit: gemeinsam beten. Die Tischgemeinschaft, der christliche Hauskreis, das Gebet zur Tageszeit in der offenen Kirche oder während einer Tagung oder Freizeit: Jede Gestaltung ist hier möglich. Der Psalm kann im versweisen Wechsel gebetet werden – entweder: einer, dann alle, oder: zwei Gruppen, oder auch zu zweit oder zu dritt abwechselnd. Psalmen lassen sich in jede Form von Andacht, Gebetszeit, Gottesdienst einfügen, Taizé-Gesänge können als Leitverse mit ihnen verbunden werden.

In dem Zusammenhang wird dazu geraten, nicht planlos mit den Psalmen umzugehen. Hilfreiche Übersichten finden sich S. 9f. (Psalmen aktuell) und S. 92f. (Psalmen im Tageslauf und Psalmen im Kirchenjahr).

Nach bewährter christlicher Tradition mündet der Psalm ein in den gemeinsam gesprochenen oder gesungenen Lobpreis (hier die ökumenische Textfassung):

Ehre sei dem Vater und dem Sohn
und dem Heiligen Geist,
wie im Anfang so auch jetzt und allezeit
und in Ewigkeit. Amen.

Lebenswege

Überall sind gute und verkehrte Wege. Hilfreich ist, mein Leben mit den Augen Gottes zu „orten".

Psalm 1

Glücklich ist der Mensch zu preisen,
der auf schlechten Rat nicht hört,

der nicht mitläuft auf dem Weg der Sünder
und nicht sitzt im Kreis der Spötter,

der vielmehr Lust hat,
Gottes Weisungen zu folgen,
und der sich Tag und Nacht darauf besinnt.

Er ist wie ein Baum,
gepflanzt an Wasserbächen,

der zur rechten Zeit Früchte trägt
und dessen Blätter nicht welken.

Was dieser Mensch beginnt,
das wird ihm auch gelingen.

Die aber, denen nichts heilig ist,
sind wie Spreu, die der Wind vor sich hertreibt.

Sie werden vor Gott nicht bestehen,
die Frevler nicht neben den Treuen.

Gott achtet auf die Wege derer,
die ihr Leben nach ihm richten,

die Selbstgerechten aber –
sie werden vergehen.

Gute Nacht

*Die Nacht ist für viele eine Zeit dunkler Einsamkeit.
Im Gebet kann ich Nähe und Frieden finden.*

Psalm 4

Wenn ich rufe, gib du mir Antwort,
du mein Gott, der es recht macht.

Aus Enge und Angst hast du mir geholfen;
erbarme dich und höre mein Gebet.

Ihr Mächtigen, ihr tretet das Recht mit Füßen,
ihr belügt euch doch selbst
und liebt, was nichts wert ist!

Seht, wie wunderbar Gott mich geführt hat.
Er hört mich, wenn ich zu ihm rufe.

Von vielen weiß ich, dass sie klagen:
Was haben wir noch Gutes zu erwarten?

Herr, lass du leuchten über uns
das Licht deines Angesichts!

Du hast mir größere Freude ins Herz gelegt,
als vielen, die reichere Ernten einbringen.

Ich liege und schlafe ganz mit Frieden,
und wie einsam ich auch sein mag –
bei dir bin ich geborgen!

Mein Wort in Gottes Ohr vgl. 119

Nach schwerer Nacht, vor einem schwierigen Tag:
Meine Bedrängnis drängt mich zuerst zu Gott.

Psalm 5

Lass meine Worte dir zu Ohren kommen!
Herr, achte auf mein Seufzen.

Ich suche dich an diesem Morgen,
ich halte Ausschau nach dir.

Du lässt mich in dein Haus eintreten
dank deiner großen Güte.

So höre mich, wenn ich um Hilfe rufe,
mein Gott, wenn ich jetzt zu dir bete.

(evtl. Stille/Raum für persönliche Bitten.)

Herr, du hast einen Weg für mein Leben;
lass mich ihn erkennen!

Freuen dürfen sich alle,
die auf dich vertrauen.

Ihr Jubel wird kein Ende haben;
denn du nimmst sie in deinen Schutz.

So segne und behüte uns,
beschirme uns mit deiner Gnade!

Herrscher

*Ich staune angesichts der Herrlichkeit der Schöpfung,
und meine eigene Verantwortung wird mir bewusst.*

Psalm 8

Herr, unser Herrscher, wie herrlich bist du
in allem, was du erschaffen hast!

Der Erdkreis ist erfüllt von dir,
die Himmel erstrahlen in deinem Glanz.

Aus dem Mund der Kinder und Säuglinge
wird deine Macht und Herrlichkeit bezeugt.

Deine Gegner sollen das erkennen,
und die dich verspotten, sie sollen verstummen.

Seh ich den Himmel, das Werk deiner Hände,
den Mond und die Sterne in ihren Bahnen –

was ist der Mensch, dass du an ihn denkst,
ein Menschenkind, dass du dich seiner annimmst?

Du hast ihn mit Ehre und Würde gekrönt,
es fehlt nicht viel, und er wäre wie du.

Du hast ihn eingesetzt als Herrscher,
ihm das Werk deiner Hände zu Füßen gelegt:

die Tiere auf Erden, die Vögel des Himmels
und was sich bewegt in den Weiten der Meere.

Herr, unser Herrscher, wie herrlich bist du
in allem, was du erschaffen hast!

Warum?

*Dieses Frage- und Klagegebet macht deutlich:
Gott will nicht nur Jubel.*

Psalm 10

Warum, Herr, hältst du dich so fern?
Warum verbirgst du dich zur Zeit der Not?

Wo Gottlose ihren Mutwillen treiben,
müssen andere elendig leiden.

Die Habgierigen lästern und sagen:
Gott geht das nichts an! Es gibt keinen Gott!

Sie tun, was sie wollen, und alles gelingt;
mit deinen Urteilen rechnen sie nicht.

(Hier kann aktuelles Unrecht beklagt werden.)

Warum darf der Gottlose spotten und sagen:
Du fragst ja doch nicht danach?

Du siehst das Elend und den Jammer.
Wir legen es in deine Hände!

Mit den Schwachen kommen wir zu dir;
du bist der Schutzlosen Helfer.

Herr, mach ihre Herzen gewiss,
dass du nach ihnen fragst,
dass du hörst, wie sie rufen: Warum?

Resignieren?

Weil schon vor Jahrtausenden so geklagt wurde (auch mit Erfolg), habe ich den Mut, weiter so zu beten:

Psalm 12

O Herr, hilf!
Mit deinen Getreuen geht es zu Ende!
Wo sind die Redlichen unter den Menschen?

Mit Lügen hintergehen sie einander,
aalglatt und doppelzüngig reden sie!

Herr, rotte solche Falschheit aus,
und diesen Hochmut bring zum Schweigen:

„Wir bestimmen, wir sind an der Macht;
wer will uns zur Rede stellen?"

So werden die Schwachen gebeugt,
und die Armen seufzen und stöhnen!

Ich werde aufstehn, spricht der Herr;
ich will denen Hilfe schaffen,
die sich danach sehnen!

Die Worte des Herrn sind deutlich,
sie sind klar wie reines Silber.

O Herr, mach deine Worte wieder wahr!
Bewahre uns vor solchen Menschen!

Mein Glück

*Mystik: Selten wird die Bibel so persönlich.
Hier spricht ein Glaube voller Innigkeit:*

Psalm 16

Behüte mich, mein Gott;
bei dir bin ich geborgen!

Ich sage es: Du bist mein Herr.
Ja, mehr als das! Du bist mein Glück!

Anteil gibst du mir an deinen Gaben,
trinken lässt du mich aus deinem Becher,

und ich freue mich auf das,
was du für mich bereithältst;
ein besseres Los wird mir niemals zuteil.

Ich preise Gott, der mich beraten hat,
der auch tief in meinem Innern spricht.

Er steht mir beständig vor Augen;
wenn er mir zur Seite ist, wanke ich nicht.

Darum freut sich mein Herz,
meine Seele ist fröhlich,
und auch mein Leib wird sicher liegen.

Du zeigst mir den Weg zum Leben:
In dir ist Freude in Fülle
und Glück ist bei dir für immer!

Behüte mich

*Gefahren, die meiner Seele drohen,
muss Gott selbst mir aufdecken.*

Psalm 17

Mein Gott, du suchst mich heim bei Nacht,
du prüfst mein Herz und läuterst mich.

Nimm du dich meiner Sache an;
deine Augen sehen ja, was recht ist.

Erhalte meinen Gang auf deinen Wegen,
damit meine Schritte nicht gleiten.

Erweise mir das Wunder deiner Liebe,
du Heiland derer, die auf dich vertrauen!

Behüte mich wie einen Augapfel im Auge,
beschirme mich im Schatten deiner Flügel

vor den Gottlosen, die mich umringen,
die meine Seele verderben wollen.

Ich aber, mein Gott,
ich will dein Angesicht schauen,

ja, wenn ich erwache,
dann will ich mich satt sehen
an deinem Bild!

Nun bin ich stark

*Hier wird nach schwerer Not aus vollem Herzen
ein ganz persönliches Osterfest gefeiert!*

Psalm 18

Herzlich lieb habe ich dich, Herr;
denn durch dich bin ich stark:

Du bist mein Fels, meine Burg, mein Befreier,
mein Gott, du mein Halt, meine Zuflucht!

Schlingen des Todes hatten mich umringt,
Fluten des Verderbens stürzten auf mich ein;

die Todesfalle schlug über mir zu,
das Totenreich hielt mich gefangen.

In meiner Angst rief ich zum Herrn,
ich schrie zu meinem Gott.

Er hörte und erkannte meine Stimme,
mein Schreien drang zu seinen Ohren.

Er griff herab aus der Höhe und fasste mich
und zog mich heraus aus den Fluten.

Er schenkte mir Freiheit und Weite.
Er liebt mich – und nun bin ich stark!

Leise und weise

*Die Botschaft von Gott kann sehr leise sein –
und ist doch deutlich und hilft mir zur Klarheit.*

Psalm 19

Die Himmel erzählen die Herrlichkeit Gottes,
das Firmament zeigt das Werk seiner Hände.

Ein Tag sagt es dem andern weiter,
und jede Nacht teilt es der nächsten mit.

Doch laute Reden sind nicht zu hören,
ihre Stimmen sind kaum zu vernehmen.

Die Botschaft aber gilt für alle Welt,
ihre Nachricht dem ganzen Erdkreis:

Die Weisung des Herrn ist vollkommen;
sie erquickt und stärkt die Seele.

Das Zeugnis des Herrn ist verlässlich;
es macht die Unwissenden weise.

Die Befehle des Herrn sind richtig;
sie erfüllen das Herz mit Freude.

Die Gebote des Herrn sind klar;
sie erleuchten die Augen.

Doch wer kann merken, wie oft er fehlt?
Verzeihe mir die verborgenen Sünden!

Bewahre mich vor denen,
die dich vergessen haben.
Ich will leben, wie es dir gefällt!

Verlassen

*Der Anfang ist eins der „sieben Worte Jesu am Kreuz".
Wenn ich nun so rufe, habe ich ihn an meiner Seite.*

Psalm 22

Mein Gott, mein Gott,
warum hast du mich verlassen?

Meine Hilfe bleibt ferne,
wie laut ich auch schreie!

Mein Gott, ich rufe bei Tag,
doch du antwortest nicht,

und ich rufe bei Nacht,
doch ich komm nicht zur Ruhe. –

Aber du bist doch der Heilige,
und dein Volk stimmt dir Loblieder an!

Auf dich verließen sich unsere Väter;
sie haben dir vertraut und fanden Rettung.

Ach bleib auch mir nicht fern in meiner Not!
Es ist niemand sonst da, der mir hilft!

Ich bin wie von wilden Tieren umzingelt,
und Hände und Füße sind mir gebunden.

Ja, bleib mir nicht ferne, mein Gott!
Du meine Kraft, komm doch und hilf mir!

Vor meinen Brüdern will ich dich bekennen,
in der Gemeinde will ich dich preisen!

Mein Hirte

Das Lied vom guten Hirten ist wohl der vertrauteste Psalm aller Christen! (hier zweimal)

Psalm 23.1

Der Herr ist mein Hirte,
mir wird nichts mangeln.

Er weidet mich auf einer grünen Aue
und lässt mich ruhen am frischen Wasser.

Er erquickt meine Seele.
Er leitet mich auf guten Wegen:

mein Herr und mein Hirte,
getreu seinem Namen.

Und muss ich auch durchs finstere Tal,
fürchte ich kein Unglück:

Du bist ja bei mir,
du führst und beschützt mich;
das macht mir Mut.

Du bereitest mir den Tisch
vor den Augen meiner Feinde.

Du salbst mein Haupt mit Öl
und schenkst mir reichlich ein.

Gutes und Barmherzigkeit
werden mir folgen mein Leben lang,

und ich werde bleiben im Hause des Herrn
für immer und ewig.

Psalm 23.2 (Lutherbibel)

Der Herr ist mein Hirte,
mir wird nichts mangeln.

Er weidet mich auf einer grünen Aue
und führet mich zum frischen Wasser.

Er erquicket meine Seele.
Er führet mich auf rechter Straße
um seines Namens willen.

Und ob ich schon wanderte im finstern Tal,
fürchte ich kein Unglück;

denn du bist bei mir,
dein Stecken und Stab trösten mich.

Du bereitest vor mir einen Tisch
im Angesicht meiner Feinde.

Du salbest mein Haupt mit Öl
und schenkest mir voll ein.

Gutes und Barmherzigkeit
werden mir folgen mein Leben lang,

und ich werde bleiben
im Hause des Herrn immerdar.

Öffnen

*Vorbereitung auf die Ankunft des Herrn:
im jüdischen Tempel und im christlichen Advent.*

Psalm 24

Gott gehört die Welt in ihrer ganzen Fülle,
der Erdkreis und die darauf wohnen.

Wer hat Zutritt zum Berg des Herrn?
Wer darf am heiligen Ort ihn erwarten?

Der sein Herz und seine Hände reinigt,
Gedanken, Worte und Taten klärt:

Er wird Segen empfangen vom Herrn;
Gott wird ihm freundlich begegnen.

Macht die Tore weit, ihr Menschen!
Ihr Türen, hebt euch aus den Angeln!
Es kommt der Herr der Herrlichkeit!

Wer ist der Herr der Herrlichkeit?
Es ist der Mächtige und Starke,
der am Ende den Sieg behält!

Macht die Tore weit, ihr Menschen!
Ihr Türen, hebt euch aus den Angeln!
Es kommt der Herr der Herrlichkeit!

Wer ist der Herr der Herrlichkeit?
ER, dem die Mächte des Himmels dienen:
Er ist es! Ihn lasst uns ehren!

Licht und Kraft

*In seinem Haus wird Gottes Licht und Kraft
zur bleibenden Energiequelle für mein Leben.*

Psalm 27

Der Herr ist mein Licht und mein Heil:
Vor wem soll ich mich fürchten?

Der Herr ist meines Lebens Kraft:
Vor wem soll ich erschrecken?

Eins wünsche ich mir vom Herrn,
und darum bitte ich ihn:

im Hause des Herrn zu wohnen
alle Tage meines Lebens,

zu erfahren seine Freundlichkeit
und seine Gegenwart zu feiern, –

und bei ihm will ich mich bergen,
wenn böse Tage kommen!

Mein Herz denkt an dein Wort:
Ihr sollt mein Angesicht suchen.

Darum bin ich hier, mein Gott,
und suche deine Nähe!

So habe ich die Zuversicht,
dass ich im Land der Lebenden
die Güte Gottes sehen werde.

Vertrau auf den Herrn,
sei mutig und stark!
Ja, vertraue auf Ihn!

Schweige nicht

Anfechtungen vor den schweigenden Gott bringen!
Nicht immer aber fasse ich so schnell wieder Mut.

Psalm 28

Zu dir rufe ich, Herr, du mein Halt!
Wende dich nicht schweigend von mir ab!

Stelle mich nicht gleich mit den Verächtern,
nicht mit denen, die Unheil stiften.

Sie reden mit allen freundlich
und haben doch Böses im Sinn.

Sie verachten das Wirken des Herrn
und was seine Hände erschaffen.

Der Herr aber – nun sei er gepriesen:
Gott, der mein Flehen hört!

Er gibt mir Kraft und bietet mir Schutz;
ich setze auf ihn mein Vertrauen.

Nun wird mein Herz fröhlich,
und ich will ihm danken mit einem Lied.

Herr, hilf deinem Volk!
Segne die Deinen!
Leite sie und trage sie in Ewigkeit!

Gottes Stimme

*Furcht erregende Gewalten münden doch ein in
Gottes Kraft und Segen und Frieden für sein Volk.*

Psalm 29

Bringt dem Herrn, ihr Kinder Gottes,
bringt dar dem Herrn Lob und Ehre!

Begegnet dem Herrn mit Ehrfurcht,
dem Heiligen, wie es ihm zusteht!

Die Stimme des Herrn schallt über das Meer:
Der mächtige Gott lässt die Donner grollen.

Die Stimme des Herrn voller Kraft:
Die Stimme des Herrn tönt gewaltig!

Die Stimme des Herrn sprüht Feuerflammen,
die Stimme des Herrn lässt die Wüste beben.

Die Stimme des Herrn wirbelt Eichen empor
und reißt das Laub aus den Wäldern.

Der Herr, der schon thronte über der Urflut:
Der Herr bleibt Herrscher in Ewigkeit.

Der Herr gebe Kraft seinem Volk,
er segne sein Volk mit Frieden!

In deine Hände

*Aus quälendem Erleben flüchte ich in Gottes Hände
wie Jesus mit einem der „sieben Worte am Kreuz".*

Psalm 31

Herr, ich suche Zuflucht bei dir!
Lass du mich nun nicht scheitern!

Höre mich, und reiß mich hier heraus!
Gib mir Halt wie ein rettender Felsen!

Ja, du bist meine feste Burg,
wie ich dich kenne, wirst du mich führen.

In deine Hände befehle ich meinen Geist.
Du hast mich erlöst, Herr, du treuer Gott.

Ich will mich freuen über deine Güte;
du bist mir nahe auch in meinem Elend.

Ich bleibe dabei: Du bist mein Gott;
meine Zeit steht in deinen Händen.

Lass dein Angesicht über mir leuchten,
hilf mir in deiner Liebe!

Vertrauen

*Aus der Grund-Erfahrung, vertrauen zu dürfen,
stimmten wir ein in die Grund-Melodie: Freude.*

Psalm 33

Freut euch an Gott, ihr Getreuen!
Die Redlichen sollen ihn preisen!

Singt ihm mit fröhlichen Stimmen!
Greift in die Saiten mit Jubelklang!

Denn des Herrn Wort ist wahrhaftig,
und was er zusagt, das hält er gewiss!

Er liebt Gerechtigkeit und Recht;
die ganze Erde lebt von seiner Güte!

Allein durch sein Wort
hat er die Himmel erschaffen,

und das Heer der Gestirne
durch den Hauch seines Mundes.

Wenn er spricht, so geschieht es;
wie er gebietet, so steht's da.

Vom Himmel blickt der Herr herab,
er sieht auf alle Menschen.

So warten wir gespannt auf Ihn;
er ist unsere Hilfe und unser Schutz!

Deine Güte, Herr, sei über uns,
wie wir auf dich hoffen!

Lobpreis

*Gott loben – das kann ansteckend sein;
ich möchte mit gutem Beispiel vorangehen.*

Psalm 34

Ich will den Herrn loben allezeit,
sein Lob ist immer neu auf meinen Lippen!

Meine Seele singt von Gottes Güte,
was er getan hat, will ich rühmen,

und die noch traurig und im Elend sind,
sie sollen es hören und fröhlich werden!

Preist den Herrn mit mir zusammen,
lasst uns gemeinsam seinen Namen ehren!

Ich habe ihn gesucht – er gab mir Antwort
und holte mich heraus aus meinen Ängsten.

Wer zu ihm aufblickt, wird strahlen vor Freude
und nicht beschämt erröten.

Der Engel des Herrn beschirmt,
die ihn von Herzen suchen:
Er schenkt ihnen Weite.

Erprobt es und seht selbst: Der Herr ist gut!
Wohl dem, der sich ihm anvertraut.

Quelle des Lebens

Wolken und Berge, Meere und Quellen:
Die Schöpfung tritt als Zeugin auf für Gottes Güte.

Psalm 36

Herr, deine Güte reicht bis an den Himmel,
und deine Treue, so weit die Wolken ziehen!

Dein Recht ragt wie die höchsten Berge
und gründet in den Tiefen der Meere:
deine Liebe zu Menschen und Tieren.

O Gott, wie kostbar ist deine Güte;
wir bergen uns im Schatten deiner Flügel.

Wir werden satt vom Reichtum deines Hauses,
wir trinken Freude wie aus einem Strom.

Denn bei dir ist die Quelle des Lebens,
und in deinem Licht wird unser Leben hell.

Bewahre deine Liebe allen, die dich kennen,
und deine Treue denen, die dir folgen.

Sei dir treu

*Wenn die Blicke nach rechts und links dich irritieren,
schau nach vorn und bleib auf deinem guten Weg!*

Psalm 37

Beneide nicht die Bösen um ihr Glück;
ereifere dich nicht über die Übeltäter!

Denn wie Gras, so werden sie verdorren,
und wie Unkraut werden sie verwelken.

Vertraue auf den Herrn und tu das Gute;
sei dir selber treu und bleibe redlich.

Habe deine Freude an Gott;
er wird dir geben, was dein Herz wünscht.

Befiehl dem Herrn deine Wege
und hoffe auf Ihn:
Er wird's wohl machen!

Dein Leben ist in seinem Licht
wie in der hellen Mittagssonne.

Halte stille dem Herrn und warte auf ihn.
Erhitze dich nicht, wenn der Böse Erfolg hat.

Steh ab vom Zorn und lass deinen Grimm,
damit du nicht schuldig wirst.

Die Unrecht tun, gehen zugrunde;
die auf den Herrn hoffen, kommen ans Ziel.

Bleibe treu und geh den rechten Weg;
denn Zukunft hat der Mensch des Friedens.

Sterben

Der plötzliche, zuvor verdrängte, ist kein „schöner Tod".
Ein guter Tod ist der, den ich von Gott her erwarte.

Psalm 39

Herr, lehre mich bedenken,
dass es ein Ende mit mir haben wird,

dass ich die Zeit nicht kenne, die mir bleibt,
bis ich davon muss.

Nur eine Handvoll Tage mögen es noch sein;
wie nichts ist meine Lebenszeit vor dir.

Denn wie ein Hauch sind alle Menschen,
die doch so sicher leben.

Sie kommen und gehen wie Schatten
und machen so viel Unruhe um nichts.

Sie bringen vieles zusammen,
und wissen doch nicht, wo es bleibt.

Und ich, Herr, worauf soll ich hoffen?
Voll Vertrauen warte ich auf dich!

Denn ein Gast bin ich bei dir,
wie es auch meine Väter waren;

wie ein Pilger auf dem Weg
bin ich deinem Schutz befohlen.

Lass mich getrost und fröhlich werden,
bevor ich gehen muss und nicht mehr bin.

Zum Altar

*Hin und her gerissen zwischen Glaube und Zweifel
sucht die Seele Gottes Nähe an seinem Altar.*

Psalm 42   mit Teilen aus 43

Wie der Hirsch lechzt nach frischem Wasser,
so schreit meine Seele, Gott, nach dir.

Meine Seele dürstet nach Gott,
nach dem lebendigen Gott.

Wann darf ich kommen
und Gottes Angesicht schauen?

Tränen sind mein tägliches Brot,
so oft man mir vorhält: Wo ist denn dein Gott?

Was betrübst du dich, meine Seele,
und bist so unruhig in mir?

Warte auf Gott!
Am Ende werde ich ihm danken,
meinem Gott, der immer auf mich sieht!

Herr, sende dein Licht und deine Wahrheit;
dass sie mich leiten zu dir,

dass ich hineingehe zum Altar Gottes,
zu meinem Gott, dem Grund meiner Freude.

Was betrübst du dich, meine Seele,
und bist so unruhig in mir?

Warte auf Gott!
Am Ende werde ich ihm danken,
meinem Gott, der immer auf mich sieht!

Eine feste Burg

Das „Mutmachlied" des Volkes Gottes wird den Weltuntergangs-Propheten ins Gesicht gesungen.

Psalm 46

Gott ist unsere Zuversicht und Stärke,
eine Hilfe in den großen Nöten,
die uns getroffen haben.

Darum fürchten wir uns nicht,
wenn gleich die Welt unterginge
und die Berge mitten ins Meer sänken,

wenn das Meer wütete und tobte
und die Berge zusammenfielen
von seinem Ungestüm.

Der Herr des Himmels ist mit uns,
der Gott der Väter ist unsere Burg.

Die Stadt Gottes kann sich freuen:
Frisches Wasser strömt in ihren Brunnen.
Hier ist die heilige Wohnung des Höchsten!

Gott ist in ihrer Mitte,
darum wird sie nicht wanken;
er hilft ihr früh am Morgen.

Wenn auch Völker verzagen
und Weltreiche fallen
und die Erde vor Angst vergeht:

Der Herr des Himmels ist mit uns,
der Gott der Väter ist unsere Burg!

Rechenschaft

*Der zur Rechenschaft rufende Gott will nicht
hinrichten, sondern zurechtbringen.*

Psalm 50

Gott, der Herr, der Mächtige, spricht,
er ruft die ganze Welt!

Vom Sonnenaufgang bis zum Untergang
zeigt Gott sich in strahlendem Glanz.

Er kommt, unser Gott;
er wird nicht mehr schweigen.

Er bietet Himmel und Erde als Zeugen auf,
wenn er sein Volk zur Rechenschaft ruft:

Versammelt alle, die zu mir gehören,
die den Bund mit mir geschlossen haben.

Höre, mein Volk, ich will dich erinnern
und dich ermahnen, dass ich dein Gott bin.

Opfer, die du darbringst –
was sind sie zwischen dir und mir?

Freude machst du mir mit Dankbarkeit
und wenn du hältst, was du versprochen hast!

Und rufe mich an in der Not,
so will ich dich erretten,
und du wirst mich preisen,

und Dank ist dann das Opfer, das mich ehrt,
Lobpreis ist der Weg, meine Hilfe zu erleben!

Umkehren

Selbst wenn ich schwerste Schuld bekennen muss:
Gott schenkt mir einen neuen Anfang.

Psalm 51

Gott, sei mir gnädig nach deiner Güte,
und tilge meine Sünden
nach deiner großen Barmherzigkeit!

Wasche mein Vergehen von mir ab,
und reinige mich von meiner Sünde.

Ich erkenne, was ich getan habe.
Meine Sünde lässt mich nicht mehr los!

Sieh du nicht länger auf mein Unrecht,
und tilge meine ganze Schuld.

(Stille Besinnung/persönliche Beichte)

Schaffe in mir, Gott, ein reines Herz,
und gib mir einen neuen, beständigen Geist.

Verwirf mich nicht von deinem Angesicht,
und nimm deinen heiligen Geist nicht von mir.

Erfreue mich wieder mit deiner Hilfe,
und mit einem willigen Geist rüste mich aus.

Und dann öffne meine Lippen,
dass mein Mund dich lobt und preist!

Unter Tränen

*Welch ein Bild! Gott sammelt meine Tränen,
bis ich wieder weinen kann vor Freude!*

Psalm 57   am Schluss mit 56,9

Erbarme dich meiner, erbarme dich, Gott;
bei dir ist meine Seele geborgen.

Ich suche Schutz im Schatten deiner Flügel,
bis das Unheil vorüber ist.

Ich rufe zu Gott, dem Höchsten,
der meine Sache zum guten Ende führt.

Er sende mir Hilfe vom Himmel
in seiner Liebe und Treue!

Sie haben Netze ausgelegt, um mich zu fangen,
meine Seele haben sie gebeugt.

Mir haben sie eine Grube gegraben,
und fallen doch selbst hinein!

Mein Herz ist bereit, Gott, mein Herz ist bereit,
dass ich singe und lobe!

Du sammelst meine Tränen in deinen Krug;
ohne Zweifel: du zählst sie!

Suchen und finden

*Wechselnde, wachsende Erfahrungen mit Gott:
Glaube als geduldiges und erfolgreiches Warten.*

Psalm 63

Gott, mein Gott, du bist es, den ich suche;
meine Seele sehnt sich nach dir.

Mein Leben dürstet nach dir
wie dürres, nach Wasser lechzendes Land.

Ich schaue aus nach dir im Heiligtum,
möchte sehen deine Kraft und Herrlichkeit.

Deine Liebe ist mehr als sonst alles im Leben.
Meine Lippen werden dich preisen!

So will ich dir danken mein Leben lang
und meine Hände zu dir hin erheben.

Das ist Nahrung für die Seele:
wenn mein Mund dich fröhlich loben kann!

Wenn ich mich zu Bett lege,
gehen meine Gedanken zu dir,

und wenn ich nachts erwache,
dann wachst du bei mir;

Du bist mein Beschützer;
im Schatten deiner Flügel darf ich froh sein!

Meine Seele hängt an dir;
deine starke Hand hält mich fest!

Segen weltweit

*Gottes Segen ist weltumspannend, und seine
Liebe will geteilt werden mit allen Menschen.*

Psalm 67

Gott, sei uns gnädig und segne uns!
Lass dein Angesicht über uns leuchten,

dass wir auf Erden deinen Weg erkennen,
deine Liebe unter allen Völkern.

Sie sollen singen und dich rühmen
in allen Ländern auf der ganzen Erde.

Die Nationen sollen sich freuen,
dein Recht und deine Ordnungen preisen.

Gib du uns allen Wachstum und Gedeihen!
So segne uns Gott, unser Gott!

Es segne uns Gott –
und überall werden Menschen ihn ehren!

Dennoch

Irritation, Verbitterung … Trotz allem: Ich bleibe!
Und zwar „an dir" – das ist näher als „bei dir".

Psalm 73

Voller Güte und Trost ist Gott
für die Menschen mit lauterem Herzen.

Ich aber wäre bald irre geworden
und beinahe zu Fall gekommen.

Verbittert sah ich auf die Selbstgerechten
und fand, dass es ihnen doch gut geht.

Und ich werde täglich geplagt,
und meine Last ist jeden Morgen neu.

Dennoch bleibe ich stets an dir!
Du hältst mich fest mit deiner starken Hand.

Du leitest mich nach deinem Rat
und nimmst mich am Ende mit Ehren an.

Wenn ich nur dich habe,
frage ich nichts nach Himmel und Erde.

Und wenn Leib und Seele verschmachten,
bist du doch allezeit das, was mir bleibt.

Ja, das ist meine Freude,
dass ich mich zu Gott halte

und mein Vertrauen setze ganz auf Ihn
und erzähle von seinen Werken!

Pilgerwege

Beten kann ich überall. Doch manche Räume und Wege halten besondere Segens-Erfahrungen bereit.

Psalm 84

Wie lieb sind mir deine Wohnungen,
Gott, dem die Mächte des Himmels dienen!

Mein Leib und meine Seele sehnen sich
nach der Geborgenheit bei dir.

Mein Herz und meine Sinne jubeln –
dem lebendigen Gott entgegen.

Wie der Vogel ein Haus gefunden hat,
die Schwalbe ein Nest für ihre Jungen,

so will ich mich bergen an deinem Altar,
mein König und mein Gott.

Glücklich, die in deinem Hause wohnen
und dich preisen Tag für Tag.

Glücklich, denen Kraft entgegen kommt,
wenn sie sich auf den Weg machen zu dir.

Und müssen sie durch die Wüste,
entspringen dort Quellen des Segens.

Sie gehen von Kraft zu Kraft,
bis sie am Ende dich schauen.

Gott, dem die Mächte des Himmels dienen:
glücklich die Menschen auf deinem Weg!

Gegenwart

Mein Gebet geht demütig mit der Vergangenheit um und wendet sich der gegenwärtigen Liebe Gottes zu.

Psalm 85

Einst bist du, Herr, gnädig gewesen
und hast unser Schicksal gewendet.

Vergeben hast du alle Schuld
und zugedeckt all unsre Sünden.

Du hast zurückgezogen deinen Groll
und hast dich abgewandt von deinem Zorn.

Vergib auch jetzt, Gott, unser Heiland,
was uns von dir und voneinander trennt.

(Hier ist eine stille Besinnung möglich.)

Ich will hören, was Gott sagt!
Frieden verkündet er seinem Volk:

dass seine Hilfe nah ist denen, die ihn ehren,
und seine Herrlichkeit in unsrer Mitte wohnt,

dass Liebe und Wahrheit einander begegnen,
Gerechtigkeit und Frieden sich küssen.

Da spendet der Herr seinen Segen,
und unser Land bringt Gutes hervor.

Lebenszeit

Siebzig, achtzig, hundert Jahre, Zeit und Ewigkeit …
Heute ist ein Tag mit Gott – das heißt: klug gelebt!

Psalm 90

Du, Gott, bist unsere Zuflucht,
seit Menschen kommen und gehen.

Ehe die Berge geboren waren
und die Erde in Wehen erbebte,
bist du Gott von Ewigkeit zu Ewigkeit,

der du die Menschen sterben lässt und sagst:
Kommt wieder, Menschenkinder!

Vor dir sind tausend Jahre wie ein Tag,
wie eine Wache in der Nacht.

Wie ein Strom vorüberzieht, fahren sie dahin,
und wie ein Traum sind sie, der früh entflieht,

wie Gras, das am Morgen grünt und blüht,
und das am Abend welkt und verdorrt.

Unser Leben währt wohl siebzig Jahre,
wenn es hoch kommt, sind es achtzig Jahre,

auch in guten Zeiten ist viel Last und Mühe,
und wie im Fluge eilen sie vorüber.

Lehre uns bedenken, dass wir sterben müssen,
damit wir klug werden.

Lass uns früh erfahren, dass du bei uns bist,
damit wir froh sind und dir danken
für jeden Tag, den du uns schenkst.

Engel

Gott leiht seinen Boten seine Flügel, seine Hände:
oft sind sie unsichtbare, manchmal sichtbare Helfer.

Psalm 91

Wer unter dem Schirm des Höchsten sitzt
und im Schatten des Allmächtigen ausruht,

der sagt: Meine Zuflucht, meine Burg bist du,
du bist mein Gott, dem ich vertraue.

Er rettet dich vor denen, die dir Fallen stellen,
und holt dich heraus aus Not und Verderben.

Mit seinen Schwingen schützt er dich,
unter seinen Flügeln findest du Zuflucht.

Er hat seine Engel ausgesandt,
dass sie dich behüten auf all deinen Wegen.

Sie werden dich auf Händen tragen,
wenn Steine dir im Wege liegen.

Gott sagt: Du hängst an mir;
ich will dir helfen und will dich schützen.

Du rufst mich, und ich werde bei dir sein;
ich bringe dich ans Ziel deines Lebens.

Gott sei Dank

Gott danken und dienen – fröhlich und unbeirrbar – das erhält jung und frisch!

Psalm 92

Es ist wunderbar, dir, Gott, zu danken,
deinem Namen, du Höchster, zu singen,

am Morgen deine Liebe zu verkünden
und deine Treue in der Nacht:

im Lied, das zu Laute und Zither erklingt,
zum rauschenden Klang der Harfe.

Du machst mich froh mit deinen Werken;
ich bewundere, was du geschaffen hast!

Wie gewaltig ist, was du bewegst,
wie geheimnisvoll sind deine Gedanken!

Wer keine Einsicht hat, erkennt das nicht,
wer töricht bleibt, wird nichts begreifen.

Mögen die Bösen wie Unkraut sprießen,
und die Unrecht tun, blühn und gedeihen:

wer dir die Treue hält, grünt wie die Palmen
und wächst, wie die Zedern des Libanon.

Die gepflanzt sind an den Quellen
beim Haus des Herrn:
Sie blühen auf im Garten Gottes.

Noch im Alter tragen sie Frucht
und bleiben voll Kraft und Frische,
und sie bezeugen: Gott macht es gut!

Feiern

*Im jüdischen Tempel und in der christlichen Kirche:
ein Weckruf, Gott zu loben, ein Aufruf, ihm zu folgen.*

Psalm 95

Kommt, lasst uns feiern vor dem Herrn
mit großer Freude und mit lautem Jubel!

Kommt vor sein Angesicht mit Dank,
mit Lobgesang lasst uns ihn preisen!

Denn unser Herr und Gott ist groß,
über alle Mächte hoch erhaben.

In seiner Hand sind die Tiefen der Erde,
und die Höhen der Berge sind auch sein.

Sein ist das Meer: Er hat es geschaffen,
und auch das Land: Er hat es geformt.

Kommt, lasst uns ihn verehren und anbeten
und niederknien vor unserm Schöpfer!

Denn er ist unser Gott, wir sind sein Volk;
er leitet uns als Hirte seiner Herde.

Wenn ihr nun heute seine Stimme hört,
so verhärtet eure Herzen nicht!

Singen

Singen verträgt keine Enge. Das Singen für Gott macht weit und bunt und öffnet neue Horizonte.

Psalm 96

Singt dem Herrn ein neues Lied
in allen Ländern auf der ganzen Erde!

Singt dem Herrn, rühmt seinen Namen,
verkündet Tag für Tag sein Heil!

Von seiner Herrlichkeit erzählt den Völkern,
von seinen Wundern allen Menschen.

Groß ist der Herr und hoch zu preisen,
mehr als die Hohen und Mächtigen alle.

Menschenwerk sind die Götter der Völker,
der Herr aber hat die Himmel erschaffen!

Kraft und Hoheit gehen aus von ihm,
Glanz und Schönheit erfüllen sein Heiligtum.

Ihr Völker der Welt, kommt alle zum Herrn,
betet ihn an in heiligem Schmuck!

Der Himmel freue sich, die Erde sei fröhlich,
es brause das Meer und was darin lebt.

Das Feld sei fröhlich und was darauf wächst,
auch die Bäume im Wald sollen jubeln –

vor dem Herrn, denn er kommt,
er kommt, um die Erde zurechtzubringen.

Junge Lieder

Immer wieder ein neues Lied – und mag es Jahrtausende alt sein: Gottes Nähe macht es jung!

Psalm 98

Singt dem Herrn ein neues Lied!
Wunderbares hat er vollbracht:

Rettung mit seiner starken Hand,
Hilfe mit seinem heiligen Arm!

Er hat sich uns bekannt gemacht,
hat sich gezeigt vor den Augen der Welt.

Er gedenkt an seine Liebe und Treue
zu seinem Volk und allen Menschen;

aller Welt Enden dürfen es sehen:
das Heil unseres Gottes!

Singt euern Lobpreis zu Ehren des Herrn,
zum Schall der Posaunen und Hörner!

Meere und Ströme rauschen vor Jubel
und die Berge singen vor Freude!

Singt dem Herrn ein neues Lied,
denn er tut Wunder!

Jubeln

Den Falschen zujubeln kann verhängnisvoll sein.
Doch auf diesem Jubel liegt Glück und Segen:

Psalm 100

Jubelt dem Herrn zu in aller Welt!
Dient dem Herrn mit Freuden;
kommt fröhlich vor sein Angesicht!

Erkennt es und bezeugt: Er ist unser Gott!
Er hat uns geschaffen als sein Volk,
als seine Herde, die er weidet.

Durch seine Tore tretet ein mit Dank,
versammelt euch zum Lobgesang!
Feiert ihn, preist seinen Namen!

Denn er ist immer gut zu uns!
Wir kommen und wir gehen: Er bleibt treu,
und seine Liebe hört nie auf!

Alles

*Gottes Liebe vergibt alles, befreit und beschenkt,
und alles in mir stimmt ein in das große Lobgebet:*

Psalm 103

Lobe den Herrn, meine Seele,
und alles in mir seinen heiligen Namen!

Lobe den Herrn, meine Seele,
und vergiss nicht, was er dir Gutes getan hat:

der dir alle deine Sünden vergibt
und alle deine Gebrechen heilt,

der dein Leben vom Verderben erlöst
und dich krönt mit Liebe und Erbarmen,

der deinen Mund fröhlich macht
und du stark wirst wie ein junger Adler.

Barmherzig und gnädig ist der Herr,
geduldig und von großer Güte.

Er handelt nicht mit uns nach unsern Sünden
und vergilt uns nicht nach unsrer Schuld;

denn so hoch der Himmel über der Erde ist,
so groß und grenzenlos ist seine Liebe!

Wie sich ein Vater über Kinder erbarmt,
so erbarmt sich der Herr über alle,
die auf ihn vertrauen.

Lobt ihn, der euch erschaffen hat,
an allen Orten seiner Herrschaft!
Lobe den Herrn, meine Seele!

Großer Gott

Meine kleine Seele stimmt ein in das große Lob der Schönheit, Weisheit und Liebe des Schöpfers.

Psalm 104.1

Lobe den Herrn, meine Seele!
Herr, mein Gott, wie groß bist du!

Mit Hoheit und Pracht bist du bekleidet,
Licht ist dein Gewand, das dich umgibt.

Du nimmst dir die Wolken als Wagen
und fährst auf den Flügeln des Windes;

du machst Stürme zu deinen Boten
und Feuerflammen zu deinen Dienern.

Du schickst Quellen aus in die Bäche,
zwischen den Bergen eilen sie dahin;

sie tränken die Tiere des Feldes
und das Wild löscht seinen Durst,

darüber nisten die Vögel des Himmels
und singen in den Zweigen.

Du tränkst von oben her die Berge,
aus deinen Wolken sättigst du die Erde.

Du lässt das Gras wachsen für das Vieh
und Saatgut für die Arbeit des Menschen,

dass er Brot aus der Erde hervorbringt
und der Wein des Menschen Herz erfreut.

Psalm 104.2

Herr, welche Wunder hast du vollbracht!
Du hast alles so weise geordnet;
die Erde ist voll von deinen Geschöpfen.

Und da ist das Meer: so groß und weit,
voller Leben, man kann es nicht zählen!

Und alle warten sie auf dich,
dass du ihnen Speise gibst zur rechten Zeit.

Du gibst, und sie können es nehmen;
du öffnest deine Hand,
und sie werden gesättigt mit Gutem.

Verbirgst du aber dein Angesicht,
dann sind sie verloren,

nimmst du ihren Atem zurück,
vergehen sie und werden Staub.

Doch sendest du deinen Atem aus,
so werden sie neu erschaffen,
und neu wird das Gesicht der Erde.

Die Herrlichkeit des Herrn bleibe ewig!
Er soll sich freuen an seinen Werken.

Ich will dem Herrn singen mein Leben lang,
und meinen Gott loben, solange ich bin!

Gute Geschichten

*Mehr als Lehren und Dogmen es vermögen,
führen „Geschichten mit Gott" zu Lob und Dank.*

Psalm 107

Dankt dem Herrn, denn er ist gut,
und seine Liebe hört niemals auf!

So sollen die Erlösten sagen,
die er aus dem Griff der Angst befreit hat

und hat sie aus allen Ländern versammelt,
von Ost und West, von Nord und Süd.

Die einen irrten umher in der Wüste
und fanden nichts, wo sie bleiben konnten,

hungrig waren sie und am Verdursten,
erschöpft und der Verzweiflung nahe.

Da schrien sie zu Gott in ihrer Not,
und er befreite sie aus ihren Ängsten

und führte sie auf den richtigen Weg
und dahin, wo sie bleiben konnten:

Sie sollen dem Herrn danken für seine Güte,
der so Wunderbares an den Menschen tut!

Andere wurden krank und elend,
weil ihre Sünden sich an ihnen rächten.

Sie hatten keine Freude mehr am Leben
und sahen in den Abgrund des Todes.

Da schrieen sie zu Gott in ihrer Not,
und er befreite sie aus ihren Ängsten,

er gab ihnen sein Wort, um sie zu heilen
und sie zu retten aus ihrem Verderben:

Sie sollen dem Herrn danken für seine Güte,
der so Wunderbares an den Menschen tut!

Andere fuhren mit Schiffen übers Meer
und trieben Handel an vielen Küsten,

sie erfuhren dort die Werke des Herrn
und seine Wunder auf hoher See.

Er ließ einen Sturm sich erheben
und türmte die Wellen zu Bergen,

sie stiegen in schwindelnde Höhen
und stürzten in gähnende Tiefen,

so dass ihre Seele im Taumel verzagte,
und all ihre Weisheit am Ende war.

Da schrieen sie zu Gott in ihrer Not,
und er befreite sie aus ihren Ängsten,

er verwandelte den Sturm in ein Säuseln,
so dass die Wogen des Meeres sich legten:

Sie sollen dem Herrn danken für seine Güte,
der so Wunderbares an den Menschen tut!

Dankt dem Herrn, denn er ist gut,
und seine Liebe hört niemals auf!

Morgenrot

Wenn ich nicht mehr schlafen kann, rät dieser Psalm mir etwas Besseres: ein Frühgebet mit Musik!

Psalm 108

Mein Herz ist bereit, Gott,
ich will singen und spielen.
Wach auf, meine Seele!

Wacht auf, Psalter und Harfe!
Ich will das Morgenrot wecken.

Ich will dir danken vor den Völkern,
vor allen Menschen will ich dir lobsingen.

Deine Liebe reicht, so weit der Himmel ist,
deine Treue, so weit die Wolken ziehen!

*(Hier kann leise Musik – wie von Psalter und Harfe –
erklingen, dazu Lob und Dank, Bitte und Fürbitte.)*

Gott, lass deine Herrlichkeit leuchten
und alle Welt in deinem Glanz erstrahlen!

Schenk deinen Freunden deine Hilfe;
erhöre uns, und reich uns deine Hand!

Sei du uns Beistand in der Not,
denn Menschenhilfe nützt uns wenig;

doch mit Gott an unserer Seite
sind wir heute stark!

Wunder feiern

Das Herz empfiehlt dem Kopf: nicht einsam bleiben!
Feiern mit denen, die staunen und danken!

Psalm 111

Halleluja!
Den Herrn will ich feiern von ganzem Herzen
mit denen, die sich versammeln
im Kreis der Gemeinde.

Groß sind die Werke des Herrn,
das erfahren alle, die sie lieben.

Er hat ein Gedächtnis seiner Wunder gestiftet,
der gnädige und barmherzige Herr!

Er gibt Speise denen, die ihm folgen,
und bekräftigt ihnen seinen Bund.

Heilig ist der Herr, und hoch zu ehren;
Ehrfurcht vor Gott ist der Anfang der Weisheit.

Klug sind alle, die danach handeln.
Ihm wollen wir danken immer und ewig.
Halleluja!

Sonnenstrahlen

Dieser Psalm kann Auftakt zum Gotteslob sein von morgens bis abends.

Psalm 113

Halleluja!
Lobt, ihr Freunde des Herrn,
lobt den Namen des Herrn!

Der Name des Herrn sei gepriesen
von nun an bis in Ewigkeit!

Vom Aufgang der Sonne
bis zu ihrem Niedergang
sei gepriesen der Name des Herrn!

Seine Herrlichkeit erstrahlt am Himmel
für alle Menschen auf der ganzen Erde!

Wer im Himmel oder auf der Erde
gleicht dem Herrn, unserm Gott?

Er ist über alle hoch erhaben
und sieht die Kleinsten in der Tiefe!
Halleluja!

Feier des Lebens

*Wir danken und feiern gegen den Tod –
mit der Bitte zu Gott, dass er es gelingen lässt.*

Psalm 118

Dankt dem Herrn, denn er ist gut,
und seine Liebe hört nie auf!

Alle, die zum Herrn gehören, sollen rufen:
seine Liebe hört nie auf!

Zu ihm rief ich aus meiner Angst und Enge;
er hörte mich und führte mich ins Weite.

Der Herr ist meine Stärke und mein Lied;
er ist mir zum Retter geworden.

Die Hand des Herrn ist hoch erhoben!
Die starke Hand des Herrn behält den Sieg!

Ich werde nicht sterben, sondern leben
und die Werke des Herrn verkünden.

Der Stein, den die Bauleute verworfen haben,
der ist zum Eckstein geworden.

Das ist vom Herrn geschehen!
Es ist ein Wunder vor unseren Augen.

Dies ist der Tag, den der Herr macht!
Lasst uns feiern und fröhlich sein!

O Herr, hilf!
O Herr, lass es gelingen!

Mein Ohr in Gottes Wort   *vgl. Ps. 5*

Auswahl von 7 aus 22 Abschnitten zum täglichen Mutmachen und zur Selbstprüfung – nicht Selbstbestätigung!

Psalm 119.1 (Sonntag)

Wie glücklich ist, wer stets unsträflich lebt
und jederzeit des Herrn Gesetz befolgt!

Wie glücklich ist, wer Gottes Weisung ausführt
und wer mit ganzem Herzen nach ihm fragt!

Bei solchen Menschen findet sich kein Unrecht,
weil sie in allem Gottes Willen tun.

Du, Herr, hast deine Vorschriften gegeben,
damit man sich mit Sorgfalt danach richtet.

Ich möchte unbeirrbar dabei bleiben,
mich deinen Ordnungen zu unterstellen!

Dann brauche ich nicht mehr beschämt zu sein
im Blick auf die Gebote, die du gabst.

Was du entschieden hast, präg ich mir ein
und preise dich dafür mit reinem Herzen.

An deine Ordnungen will ich mich halten;
steh du mir bei und lass mich nicht im Stich.

Psalm 119.2   (Montag)

Wie kann ein junger Mensch sein Leben meistern?
Indem er tut, was du gesagt hast, Herr.

Von Herzen frage ich nach deinem Willen;
bewahre mich davor, ihn zu verfehlen!

Was du gesagt hast, präge ich mir ein,
weil ich vor dir nicht schuldig werden will.

Ich muss dir immer wieder danken, Herr,
weil du mich deinen Willen kennen lehrst.

Was du nach deinem Recht entschieden hast,
das sage ich mir immer wieder auf.

Genau nach deinen Weisungen zu leben,
erfreut mich mehr als alles Gut und Geld.

Ich denke über deine Regeln nach,
damit ich deinen Weg für mich erkenne.

Herr, deine Ordnungen sind meine Freude;
ich werde deine Worte nicht vergessen.

Psalm 119.3 (Dienstag)

Ich will dir dienen, Herr, sei gut zu mir,
damit ich lebe und dein Wort befolge!

Herr, öffne mir die Augen für die Wunder,
die dein Gesetz in sich verborgen hält!

Ich bin nur Gast hier, darum brauch ich Schutz.
Verschweig mir nicht, was du befohlen hast!

Mit Sehnsucht warte ich zu jeder Zeit
auf das, was du nach deinem Recht verfügst.

Du drohst den Stolzen, den von dir Verfluchten,
die deine Regeln ständig übertreten.

Befreie mich von Schande und Verachtung,
weil ich mich stets an deine Weisung halte.

Die Großen halten Rat, um mir zu schaden;
doch ich will deine Vorschriften ergründen.

An deiner Weisung hab ich meine Freude,
weil ich mit ihr stets gut beraten bin.

Psalm 119.4   (Mittwoch)

Ich liege kraftlos hingestreckt im Staub;
belebe mich, wie du versprochen hast!

Ich klagte dir mein Leid; du hast geholfen.
Nun lass mich wissen, was du mir befiehlst!

Ich möchte deine Vorschriften verstehen
und deine Wunder täglich neu bedenken.

Vor Traurigkeit zerfließe ich in Tränen.
Wie du es zugesagt hast, hilf mir auf!

Bewahre mich vor jeder Art von Falschheit,
in deiner Güte lehr mich dein Gesetz!

Ich habe mich entschieden, treu zu bleiben,
und will mich deiner Ordnung unterstellen.

Ich binde mich ganz fest an deine Weisung;
Herr, lass mich deshalb nicht als Narr dastehen!

Den Weg, den du mir vorschreibst, gehe ich,
du hast mein Herz dazu bereit gemacht.

Psalm 119.5 (Donnerstag)

Von Herzensgrund schrei ich zu dir; gib Antwort!
An deine Regeln, Herr, will ich mich halten.

Ich rufe dich zu Hilfe, rette mich!
Ich werde deinen Weisungen gehorchen.

Vor Tagesanbruch schreie ich zu dir
und warte hoffnungsvoll auf deine Worte.

Sogar zur Nachtzeit liege ich noch wach
und denke über dein Versprechen nach.

In deiner Güte höre mein Gebet;
erhalte mich durch dein gerechtes Urteil.

Mit böser Absicht nahen die Verfolger;
doch sie entfernen sich von deiner Weisung.

Du aber, Herr, du bist ganz nah bei mir;
was du befiehlst, ist wahr und zuverlässig.

Für immer hast du dein Gesetz gegeben;
seit langem hab ich das an ihm erkannt.

Psalm 119.6   (Freitag)

Die Großen dringen grundlos auf mich ein;
doch nur vor dem, was du sagst, bebt mein Herz.

An deinen Worten hab ich große Freude,
so wie sich jemand über Beute freut.

Für Lügen fühle ich nur Hass und Abscheu,
doch dein Gesetz hat meine ganze Liebe!

Ich preise dich wohl siebenmal am Tag
dafür, dass du, Herr, stets gerecht entscheidest.

Wer dein Gesetz liebt, der hat Glück und Frieden,
kein Hindernis kann ihn zum Straucheln bringen.

Herr, meine Hoffnung ist, dass du mir hilfst;
ich führe aus, was du befohlen hast.

Nach deinen Weisungen will ich mich richten,
mit ganzem Herzen hänge ich an ihnen.

Du hast mir Weisung und Gebot gegeben
und siehst genau, wie ich mich daran halte.

Psalm 119.7 (Samstag)

Lass meine Bitte zu dir dringen, Herr;
mach dein Versprechen wahr und gib mir Einsicht!

Lass meinen Hilferuf zu dir gelangen!
Du hast mir zugesagt, dass du mich rettest!

Von meinen Lippen soll dein Lob erklingen,
weil du mich deinen Willen kennen lehrst.

Mein Mund soll dich besingen für dein Wort;
was du befohlen hast, ist recht und richtig.

Streck deine Hand aus, Herr, um mir zu helfen;
ich habe mich für dein Gesetz entschieden!

Dass du mich rettest, ist mein größter Wunsch,
und dein Gesetz ist meine größte Freude.

Ich möchte leben, Herr, um dich zu preisen;
dein Urteilsspruch wird mir dazu verhelfen.

Ich bin verirrt wie ein verlorenes Schaf;
Herr, suche mich, bring mich zurück zu dir!
Ich habe deine Regeln nicht vergessen.

Die Abschnitte aus Psalm 119 sind dem Text der Gute Nachricht Bibel entnommen.

Gebirge

*Unüberwindliches steht mir im Wege: auf dem
Pilgerweg – auf dem Lebensweg – was nun?*

Psalm 121

Ich hebe meine Augen auf zu den Bergen:
Woher kommt mir Hilfe?

Meine Hilfe kommt vom Herrn,
der Himmel und Erde gemacht hat.

Er wird deinen Fuß nicht wanken lassen,
und der dich behütet, schläft nicht.

Ja, der Beschützer seines Volkes
schläft und schlummert nicht.

Der Herr behütet dich;
er ist der Schatten an deiner Seite,

dass dich die Hitze der Sonne nicht sticht
und der Mond dich nicht krank macht.

Der Herr behüte dich vor allem Bösen,
er behüte deine Seele.

Der Herr sei mit dir,
wenn du gehst und wiederkommst
von nun an bis in Ewigkeit.

Jerusalem

„Jerusalem" steht hier auch für andere Stationen und Zusammenkünfte auf dem Weg zu Gott.

Psalm 122

Welche Freude, als man mir sagte:
Wir gehen zum Haus des Herrn!

Nun stehen unsere Füße
in deinen Toren, Jerusalem!

Du bist gebaut als eine Stadt,
da man zusammenkommen soll,

zusammenkommen, wie es recht ist:
den Namen des Herrn zu preisen!

Wünscht Jerusalem Glück
und Frieden allen, die dich lieben!

Friede sei in deinen Mauern,
Geborgenheit in deinen Häusern.

All meinen Brüdern und Freunden in dir
wünsche ich Glück und Frieden,

und für das Haus des Herrn, unseres Gottes,
will ich den Segen erbitten.

Unsere Hilfe

*In das „Uns" und „Wir" dieses Psalms möchten wir
alle einbeziehen, die wegen ihres Glaubens leiden.*

Psalm 124

Wäre der Herr nicht bei uns,
wenn Menschen gegen uns aufstehn,

dann zerrissen sie uns lebendig
in ihrer Wut, die über uns entbrennt,

dann ersäufte uns Wasser,
Ströme gingen über unsere Seele

und Fluten würden tosen
hoch über uns hinweg.

Gepriesen sei der Herr!
Er gibt uns ihren Zähnen nicht zur Beute!

Unsere Seele ist entronnen
wie ein Vogel dem Netz des Jägers;

das Netz ist zerrissen,
und wir sind frei!

Unsere Hilfe steht im Namen des Herrn,
der Himmel und Erde gemacht hat!

Träume

*Mit Gott wurden und werden Träume wahr.
Erinnerungen nehmen wir beim Wort.*

Psalm 126

Wenn Gott unser Schicksal wendet,
dann ist es für uns wie ein Traum,

dann wird unser Mund voll Lachen
und unsere Zunge voll Jubel sein.

Dann werden die Menschen sagen:
Gott hat Großes an ihnen getan! –

Er hat schon so Großes an uns getan,
da waren wir fröhlich! –

Herr, wende auch jetzt unsere Not,
wie du Bäche in der Wüste belebst.

Ja, die mit Tränen säen,
sie werden mit Freuden ernten.

Sie gehen hin und weinen
und streuen ihre Saat aus –

und jubelnd kommen sie wieder
und bringen ihre Garben!

Haussegen

An Gottes Segen ist alles gelegen – dann muss es am Ende nicht heißen: Nur Arbeit war dein Leben ...

Psalm 127   mit Teilen aus 128

Wenn der Herr nicht das Haus baut,
dann arbeiten die Bauleute vergeblich.

Wenn der Herr nicht die Stadt behütet,
dann wacht der Wächter umsonst.

Es ist umsonst: in aller Frühe auf sein
und keine Ruhe geben bis zur Nacht.

Die ihr so mühsam euer Brot verdient –
seht: Gott gibt seinen Freunden gerne
das Brot und den Schlaf!

Glücklich wird sein, wer ihn achtet und ehrt
und auf seinen Wegen geht!

Der Herr segne dich dein Leben lang.
Kindeskinder sollst du sehen.
Friede über Gottes Volk!

Aus tiefer Not

*Aus dem Abgrund meiner Not schreie ich
und rufe nach dem, der hört, vergibt, befreit.*

Psalm 130

Aus der Tiefe rufe ich,
Herr, ich rufe zu dir!

Herr, höre meine Stimme!
Achte auf mein Rufen und Flehen!

Wenn du Sünden anrechnest,
Herr, wer kann bestehen?

Doch bei dir ist Vergebung,
damit man Ernst macht mit dir.

Von ganzem Herzen hoffe ich auf dich
und warte auf ein Wort von dir!

Meine Seele wartet auf dich,
mehr als ein Wächter auf den Morgen.

Mehr als die Wächter den Morgen,
erwarte, Volk Gottes, den Herrn!

Ja bei dir ist die Liebe!
Du hast das erlösende Wort,
und du wirst es geben!

Seelenfrieden

*Wie innig die Gemeinschaft mit Gott werden kann,
zeigt dieser Beter: wie ein gestilltes Kind bei der Mutter.*

Psalm 131

Herr, mein Herz will nicht hoch hinaus,
meine Augen sehen nicht auf andere herab.

Ich gehe nicht mit Dingen um,
die mir zu groß und zu wunderbar sind.

Ich habe Ruhe gefunden,
und Frieden ist in meiner Seele.

Wie ein gestilltes Kind bei seiner Mutter,
ist meine Seele still in mir.

Ihr Freunde Gottes, so vertraut dem Herrn
von heute an für immer!

Wunderbar geborgen

Das „Hohelied des Vertrauens" zu dem, der mir so nahe ist, dass es meine Vorstellungskraft übersteigt.

Psalm 139

Mein Gott, du siehst in mich hinein,
du allein kennst mich.

Ich sitze oder stehe auf, du weißt es;
du verstehst meine Gedanken von ferne.

Ich gehe oder liege, so bist du um mich
und siehst alle meine Wege.

Es kommt kein Wort auf meine Zunge,
das du nicht schon wüsstest.

Von allen Seiten umgibst du mich
und hast deine Hand auf mich gelegt.

Das ist mir zu wunderbar und zu hoch,
ich kann es nicht begreifen!

Wohin soll ich gehen vor deinem Geist,
und wohin fliehen vor deinem Angesicht?

Führe ich zum Himmel empor: Du bist da,
hinab ins Totenreich: auch da bist du!

Flöge ich dem Morgenrot entgegen
und ließe mich nieder am fernsten Meer:

Auch dort würde deine Hand mich leiten
und deine Rechte mich halten.

Sagte ich: Finsternis soll mich verbergen
und Nacht statt Licht um mich sein, –

so wäre auch Finsternis nicht finster bei dir,
und die Nacht strahlte hell wie der Tag.

Du hast mir Leib und Seele erschaffen,
hast mich gewoben im Mutterleib.

Ich danke dir, mein Gott,
dass ich so wunderbar gemacht bin!

Wunderbar sind deine Werke;
das erkennt meine Seele.

Aber wie schwer auch, o Gott,
sind deine Gedanken zu fassen!

Wollte ich sie zählen,
sie wären wie der Sand am Meer,

und dann wache ich auf –
und immer noch bin ich bei DIR!

Erforsche mich, Gott, und sieh mir ins Herz.
Sieh, was ich denke und wie ich es meine.

Und wenn ich auf verkehrten Wege bin,
bring du mich wieder auf den ewigen Weg.

Danke!

*Gottes Güte teilt großzügig wohltuend aus –
die Beschenkten singen davon ein Danklied:*

Psalm 145

Dich will ich ehren, mein Gott und König;
in Zeit und Ewigkeit will ich dir danken!

Jeden Tag will ich dich preisen
und immer wieder deinen Namen loben.

Groß bist du und hoch zu rühmen;
niemand kann deine Größe erforschen.

Du bist gnädig und barmherzig,
und deine Liebe kennt keine Grenzen.

Aller Augen warten auf dich;
du gibst ihnen Speise zur rechten Zeit.

Du tust deine Hand auf
und sättigst wohltuend alles, was lebt.

Gottes Treue ist auf all seinen Wegen,
und seine Liebe überall in seinen Werken.

Er ist nahe denen, die zu ihm rufen,
die voll Vertrauen zu ihm beten.

Er erfüllt die Bitten derer, die ihm folgen
und behütet alle, die ihn lieben.

Gottes Ruhm will ich verkünden,
und alle Geschöpfe sollen ihn preisen
immer und ewig!

Hoffnung!

*Eine Zukunfts-Litanei des Glaubens: Hoffnung
aus den alten Erfahrungen mit dem gütigen Gott.*

Psalm 146

Halleluja! Lobt den Herrn!
Lobe den Herrn, meine Seele!

Ich will den Herrn loben, solange ich lebe,
für meinen Gott singen, solange ich atme!

Vertraut nicht auf die großen Namen;
Menschen sind auch sie und helfen nicht.

Sie werden sterben und zu Staub zerfallen,
und es ist aus mit ihren großen Plänen.

Wohl dem, der auf den Gott der Väter hofft,
der Himmel und Erde gemacht hat,
der immer treu ist und treu bleibt:

der den Unterdrückten Recht schafft
und den Hungernden ihr Brot gibt,

der die Gefangenen befreit
und den Blinden die Augen öffnet,

der die Gebeugten aufrecht gehen lässt
und die Gerechten herzlich liebt,

der den Fremden Zuflucht gewährt
und für die Witwen und Waisen sorgt.

Solange Menschen kommen und gehen,
ist Gott ihre Hoffnung. Halleluja!

Doppelte Freude

*Es macht Freude, für Gott zu singen und zu spielen.
Gott hat Freude daran, unser Halleluja zu segnen.*

Psalm 147

Halleluja!
Es ist gut, unsern Gott zu loben,
ihm zu singen – unsere Pflicht und Freude!

Was am Boden liegt, das baut er auf
und sammelt die Zerstreuten seines Volkes.

Er heilt die gebrochenen Herzen
und verbindet ihre Wunden.

Er bestimmt die Zahl der Sterne
und ruft sie alle mit Namen.

Unser Gott ist groß und von großer Kraft,
und seine Weisheit ist nicht zu ermessen.

Er richtet die Gebeugten wieder auf,
und ihre Peiniger wirft er zu Boden.

Er hat Freude an den Menschen,
die ihm folgen und auf seine Güte hoffen.

Glück und Frieden gibt er deinem Land
und segnet dich mit seinem guten Brot.
Halleluja!

Halleluja!

Mit Instrumenten, mit Bewegungen und Tanz und unseren Stimmen: Hochfest der Musik für Gott!

Psalm 150

Halleluja!
Lobt Gott in seinem Heiligtum!
Lobt den Mächtigen im Himmel!

Lobt ihn für seine wunderbaren Taten!
Lobt ihn in seiner großen Herrlichkeit!

Lobt ihn mit dem Schall der Posaunen!
Lobt ihn mit Saiten und Harfenklang!

Lobt ihn mit Pauken und Reigentanz!
Lobt ihn mit Pfeifen und Flötenspiel!

Lobt ihn mit klingenden Zimbeln!
Lobt ihn mit Schellen und Glocken!

Alles, was Atem hat,
lobe den Herrn!
Halleluja!

Marias Magnifikat

*Die Mutter Jesu gibt der Kirche eine „Tagesordnung":
Gottes Größe preisen und mutig für Kleine eintreten!*

151 Lukas 1,46–55

Meine Seele preist die Größe des Herrn,
ich freue mich über Gott, meinen Retter!

Klein und unbedeutend, wie ich bin,
hat Er mich gütig angesehen.

Von nun an werden mich glücklich preisen
alle, die nach mir kommen.

Denn Gott hat Großes an mir getan,
Er, der mächtig und heilig ist!

Sein Erbarmen hört nie auf,
wo Menschen ihn achten und ehren.

Machtvoll wirkt Er mit seinem Arm;
die Selbstherrlichen treibt Er auseinander.

Gewaltige stürzt Er vom Thron
und Niedrige hebt Er empor.

Hungrigen füllt Er die Hände mit Gutem,
und Reiche lässt Er leer in ihrem Reichtum.

Er hilft seinem Volk wieder auf
und denkt an sein Erbarmen,

wie Er es unsern Vorfahren versprochen hat,
Abraham und seinen Nachkommen
für alle Zeiten.

Die Seligpreisungen

*Wer aus den Kraftquellen Gottes lebt,
wird diese „Seligkeiten" nicht für Träume halten.*

152 Matthäus 5,1–10

Selig sind*, die vor Gott arm sind:
denn ihnen gehört das Himmelreich!

Selig sind, die Leid tragen:
denn sie werden getröstet.

Selig sind die Sanftmütigen:
denn sie werden die Erde gestalten!

Selig sind, die nach Gerechtigkeit
hungern und dürsten:
denn sie werden gesättigt!

Selig sind die Barmherzigen:
denn sie werden Barmherzigkeit finden!

Selig sind, die reinen Herzens sind:
denn sie werden Gott schauen!

Selig sind, die Frieden stiften:
denn sie werden Kinder Gottes heißen!

Selig sind, die Verfolgung leiden,
weil sie Gerechtigkeit lieben:
denn ihnen steht der Himmel offen!

*Oder: Glüklich sind ... / Glücklich werden ...

Das Hohelied der Liebe

*Auf Glauben, Hoffen und Beten liegt die Aussicht,
dass alles seine Vollendung finden wird in der Liebe!*

153 1. Korinther 13

Wenn ich die Sprachen aller Menschen
und auch mit Engelszungen reden könnte
und hätte doch die Liebe nicht,

dann wäre ich nur ein dröhnendes Blech
oder eine klingende Schelle.

Und könnte ich Gottes Gedanken lesen
und alle Rätsel der Welt erklären
und Berge versetzen mit meinem Glauben,

und hätte die Liebe nicht,
dann wäre ich nichts!

Und wenn ich meinen Besitz verschenkte
und für die Wahrheit ins Feuer ginge,

und hätte die Liebe nicht,
dann nützte es mir nichts!

Die Liebe ist langmütig und freundlich,
sie ereifert sich nicht und bläht sich nicht auf.

Sie will nicht verletzen
und sucht nicht den eigenen Vorteil.

Sie zieht sich nicht zurück im Zorn
und trägt das Böse nicht nach.

Sie erträgt alles, und sie vertraut.
Sie hofft und behält ihren Mut.

Die Liebe hört niemals auf,
wenn alles auch zu Ende geht,
wovon wir reden und was wir kennen.

Denn alles Reden und Erkennen
ist nur Stückwerk und vergeht, –
wenn das Vollkommene kommt!

Jetzt sehen wir ein dunkles Bild
wie in einem trüben Spiegel,

dann aber schauen wir
von Angesicht zu Angesicht.

Jetzt erkenne ich stückweise,
dann aber werde ich erkennen,
wie ich erkannt bin.

Nun aber bleiben diese drei:
Glauben, Hoffnung, Liebe –
doch das Größte ist die Liebe!

STOSSGEBETE AUS DEN PSALMEN

Ein Beispiel: Ich wohne in der Nähe eines Krankenhauses. Oft starten oder kommen Notarzt- und Krankenwagen mit Martinshorn. „O Herr, hilf! O Herr, lass es gelingen!" So bete ich mit Psalm 118. Das nennt man wohl ein Stoßgebet. – Außer der Not kann auch Freude da sein, Staunen, Dank, Klage, Bitte, Hoffnung oder ein guter Vorsatz usw. Hier einige Zitate, die ich mir auswendig einpräge, um sie inwendig bereit zu haben, wenn sie „dran" sind.

Psalm 8,2:
Herr, unser Herrscher, wie herrlich bist du
in allem, was du erschaffen hast!

Psalm 22,2:
Mein Gott, mein Gott,
warum hast du mich verlassen?

Psalm 23,1:
Der Herr ist mein Hirte,
mir wird nichts mangeln.

Psalm 23,4:
Du bist ja bei mir.

Psalm 27,1:
Der Herr ist mein Licht und mein Heil:
vor wem soll ich mich fürchten?

Psalm 31,6:
In deine Hände befehle ich meinen Geist.
Du hast mich erlöst, Herr, du treuer Gott.

Psalm 36,10:
Bei dir ist die Quelle des Lebens,
und in deinem Licht wird unser Leben hell.

Psalm 42,2:
Wie der Hirsch lechzt nach frischem Wasser,
so schreit meine Seele, Gott, nach dir.

Psalm 51,12:
Schaffe in mir, Gott, ein reines Herz,
und gib mir einen neuen, beständigen Geist.

Psalm 73,23:
Dennoch bleibe ich stets an dir;
du hältst mich fest mit deiner starken Hand.

Psalm 103,2:
Lobe den Herrn, meine Seele,
und vergiss nicht, was er dir Gutes getan hat.

Psalm 118,25:
O Herr, hilf!
O Herr, lass es gelingen!

Psalm 124,8:
Unsere Hilfe steht im Namen des Herrn,
der Himmel und Erde gemacht hat.

PSALMEN IM TAGESLAUF

Beten ist Atmen der Seele im Rhythmus des Lebens. In vielen Klöstern prägen täglich bis zu sieben Gebetszeiten den Tag. Im „normalen" Leben ist das nicht möglich. Gott kann meinen Tageslauf auch einfacher begleiten. Morgen, Mittag, Abend und Nacht sind ganz natürlich vorgegeben. Ich soll dabei kein Pensum ableisten! Ich muss aber auch weder Gott noch mir selbst spontan etwas ganz Persönliches bieten! Aus dem Reichtum der Bibel darf ich atmen und beten. Mehrmals täglich einen Psalm, jeweils nur ein paar Minuten: das kann ich doch vielleicht einrichten. Und diese regelmäßigen Impulse können mein Leben von Grund auf klären und ordnen.

	Morgen		Mittag		Abend		Nacht	
So	95	118	100	150	8	92	4	27
Mo	1	33	67	98	24	145	19	127
Di	18	46	37	73	12	57	28	31
Mi	96	108	34	113	29	139	131	63
Do	23	84	36	111	147	104.1	16	104.2
Fr	5	51	85	103	42	130	17	107
Sa	39	90	50	146	122	126	91	121

Vorgabe ist hier eine lange bewährte Wochenordnung: *Sonntag:* Tag der Feier. *Montag:* Alltagsleben mit Gott. *Dienstag:* Anfechtungen, Ängste, Konflikte. *Mittwoch:* Lebensmitte, Lebenssinn. *Donnerstag:* Glauben, Kirche, Gemeinschaft. *Freitag:* Kreuz und Leiden, Schuld und Vergebung. *Samstag:* Tod, Vollendung, Ewigkeit.

Psalm 119 mit seinen 7 Abschnitten kann täglich nach eigener Wahl eingesetzt werden, z. B. als Antwort auf eine Lesung, oder wenn ein anderer Psalm nicht passt.

Dabei ist interessant, wie jeder Vers dieses Psalms Gottes Wort umschreibt, z. B.: Gesetz, Weisung, Ordnung, Regeln, Versprechen ...

Zu den neutestamentlichen „Psalmen": 151 (Magnifikat) gehört traditionell zum Abendgebet, 152 (Seligpreisungen) zur Tagesmitte, 153 (das Hohelied der Liebe) passt immer!

PSALMEN IM KIRCHENJAHR

Advent: 24 +19 + 33 + 85
Weihnachten: 96
Jahreswechsel: 121 + 8
Epiphanias: 100 + 113
2. Epiphaniassonntag: 98
3. Epiphaniassonntag: 100
Letzter Epiphaniassonntag: 27
Septuagesimae: 31
Sexagesimae: 119.1
Estomihi: 31
Aschermittwoch: 130
Invokavit: 91
Reminiszere: 10
Okuli: 34
Lätare: 84
Judika: 42/43
Palmsonntag: 31
Gründonnerstag: 111
Karfreitag: 22
Ostern: 118
Quasimodogeniti: 18
Miserikordias Domini: 23
Jubilate: 100
Kantate: 98
Rogate: 95
Himmelfahrt: 150
Exaudi: 27
Pfingsten: 67
Trinitatis: 145

1. nach Trin.: 34
2. nach Trin.: 36
3. nach Trin.: 103
4. nach Trin.: 42/43
5. nach Trin.: 73
6. nach Trin.: 139
7. nach Trin.: 107
8. nach Trin.: 113
9. nach Trin.: 119.1
10. nach Trin.: 126
11. nach Trin.: 113
12. nach Trin.: 147
13. nach Trin.: 113
14. nach Trin.: 146
15. nach Trin.: 127/128
16. nach Trin.: 18
17. nach Trin.: 67
18. nach Trin.: 1
19. nach Trin.: 31
20. nach Trin.: 119.3
21. nach Trin.: 19
22. nach Trin.: 103
23. nach Trin.: 33
24. nach Trin.: 39
Drittletzter So: 90
Vorletzter So.: 50
Buß- u. Bettag: 51
Ewigkeits-So.: 90 od. 126
Sonstige Kirchenfeste: 46 + 84 + 92

Bibliografische Information der deutschen Bibliothek

Die Deutsche Bibliothek verzeichnet diese Publikation
in der Deutschen Nationalbibliografie; detaillierte bibliografische
Daten sind im Internet über http://dnb.ddb.de abrufbar.

1. Auflage 2012
©2012 Verlag Ernst Kaufmann, Lahr
Dieses Buch ist in der vorliegenden Form in Text und Bild
urheberrechtlich geschützt. Jede Verwertung ist ohne Zustimmung
des Verlags Ernst Kaufmann unzulässig und strafbar. Dies gilt
insbesondere für Nachdrucke, Vervielfältigungen, Übersetzungen,
Mikroverfilmungen und die Einspeicherung und Verarbeitung
in elektronischen Systemen.

Gute Nachricht Bibel, revidierte Fassung, durchgesehene Ausgabe in
neuer Rechtschreibung, ©2000 Deutsche Bibelgesellschaft, Stuttgart
Lutherbibel, revidierter Text 1984, durchgesehene Ausgabe in neuer
Rechtschreibung, ©1999 Deutsche Bibelgesellschaft, Stuttgart

Umschlagabbildung: ©Liliia Rudchenko, Fotolia.com
Druck und Bindung: CPI Books, Ulm
ISBN 978-3-7806-3122-0